A LA MÉMOIRE

DE

Notre vénéré Père

Mᵉ Henry CELLIEZ

Henry-Jules-Pierre
CELLIEZ

AVOCAT A LA COUR D'APPEL DE PARIS
CHEVALIER DE LA LÉGION D'HONNEUR
MEMBRE DE LA SOCIÉTÉ DES GENS DE LETTRES
PRÉSIDENT DU CONSEIL JUDICIAIRE DES CINQ ASSOCIATIONS
FONDÉES PAR LE BARON TAYLOR

——>◉<——

Né à Paris, le 13 juillet 1806

Décédé à Paris, le 14 juin 1884

DISCOURS

Prononcé aux Obsèques de HENRY CELLIEZ

AVOCAT A LA COUR D'APPEL DE PARIS

PAR Mᴱ OSCAR FALATEUF

BATONNIER DE L'ORDRE

Le 16 juin 1884 ont eu lieu, en l'église Saint-Thomas-d'Aquin, les obsèques de Mᵉ Henry Celliez, avocat à la Cour d'appel.

Une députation d'avocats en robe, conduite par Mᵉ Oscar Falateuf, Bâtonnier, rendait, suivant l'usage, les honneurs traditionnels au défunt.

Après la célébration du service religieux, le cortège s'est rendu au cimetière Montparnasse, où a eu lieu l'inhumation.

Sur la tombe, Mᵉ Oscar Falateuf, Bâtonnier de l'ordre des avocats, a prononcé l'allocution suivante :

MESSIEURS,

Nous devons au confrère que la mort vient de nous enlever, plus qu'un simple adieu !

Henry Celliez laisse en effet parmi nous le souvenir d'une longue existence, consacrée tout entière au travail et au devoir, sans qu'il lui ait été donné de connaître les grandes joies que le Barreau réserve à quelques-uns d'entre nous.

Est-ce la faute de son exquise modestie ? Peut-être ! Mais vous penserez avec moi que cette modestie même m'impose le devoir de rappeler aujourd'hui quelque peu ce que fut notre cher et excellent confrère ; qui sait d'ailleurs si ce ne sera pas pour son âme un dernier et doux écho des bruits de la terre ?

Né en 1806, Henry Celliez commençait à vivre, c'est-à-dire à penser, lors de ce grand mouvement libéral qui a fait de la Restauration l'une des époques les plus intéressantes de notre histoire. Sa situation était alors des plus modestes ; mais il avait foi dans le travail et dans le désintéressement, deux croyances qui ont dominé sa vie tout entière !

Presque à ses débuts, nous le voyons collaborer à plusieurs journaux politiques : il écrivit dans le *Globe* notamment ; puis cédant aux entraînements de sa nature généreuse autant que méditative, il nous apparaîtra bientôt dans cette phalange d'hommes distingués qui s'appellent Augustin Thierry, Olinde Rodrigues, Auguste Comte et bien d'autres encore, et il ira, en leur compagnie, entendre sur les hauteurs de Ménilmontant, Saint-Simon développer ses rêves humanitaires ; Cénacle qui a droit, ce me semble, à notre respect, quoi qu'on puisse penser de ses théories et de leurs formules ; car on y cherchait le secret des misères sociales pour essayer de les guérir et non pour les exploiter !

Henry Celliez ne vint à nous qu'en 1840, après avoir débuté comme avocat à Blois, où son père exerçait, non sans éclat, la médecine. Depuis cette époque, il ne nous a pas quittés, et presque tous ceux qui m'écoutent peuvent, avec moi, rendre hommage à ce travailleur obstiné, à ce lutteur infatigable, que la maladie, après plus de quarante années, a pu seule écarter de nos luttes quotidiennes.

Comment essaierais-je de retracer ici les étapes de cette longue et vaillante carrière ? Mme Lafarge, — Célestine Doudet, — l'affaire Libri, — la Haute Cour de Versailles, tout autant de noms qui, avec bien d'autres, nous rappellent combien grande fut l'œuvre de Henry Celliez, par la plume et par la parole.

Ajoutez à cela ses publications si estimées et si nombreuses ! Les Annales du Parlement français entre autres, ses travaux sur les questions de propriété littéraire, ses études de 1832 sur la presse, si heureusement reprises cinquante années plus tard (il avait alors soixante-quinze ans !), lorsque la presse allait une fois de plus, et non la dernière assurément, devenir matière à législation nouvelle.

Le Barreau s'incline respectueusement devant le souvenir de si grands travaux et de tels efforts !

Ce n'est pas d'ailleurs seulement au milieu de nous que Henry Celliez montrait ses rares et sérieuses qualités ; Membre de la Société des gens de lettres, d'autres sauront dire mieux que moi ce qu'il fut pour cette grande Compagnie, et les éminents services dont elle est redevable à son dévouement et à sa science. Mais ce que je puis rappeler ici comme un nouvel et plus ample honneur pour notre confrère, ce sont les amitiés que là, comme parmi nous, il sut conquérir et conserver. Michelet n'a-t-il pas voulu que Celliez fût son exécuteur testamentaire ?

Comment tairais-je enfin les vertus de l'homme privé ? Ces vertus, il les a faites héréditaires à force de les pratiquer sous les yeux de ses deux enfants. Sa fille, la plus digne des femmes, son soutien, sa consolation pendant les dernières souffrances et les suprêmes angoisses de sa vie.

Son fils, qui vit au milieu de nous par sa science mise au service de l'œuvre de la justice, et dont la douleur nous montre avec quel respect et quel amour il saura conserver le souvenir que la mort vient de lui confier.

Henry Celliez peut reposer en paix ; il a noblement accompli sa tâche en ce monde.

Au nom de notre Barreau tout entier, je salue respectueusement sa tombe.

DISCOURS

PRONONCÉ PAR M. EUGÈNE MORET

MEMBRE DU COMITÉ DE LA SOCIÉTÉ DES GENS DE LETTRES

———

Messieurs,

Par un concours de circonstances malheureuses, la Société des Gens de Lettres n'a pu être prévenue en temps opportun de la perte cruelle qu'elle venait de faire et n'a pu réunir tout son Comité ni faire appel aux nombreux amis de Celliez.

Cependant, il ne sera pas dit que notre vénéré maître nous quittera sans recevoir de nous un suprême adieu.

L'un des fondateurs de notre Société, membre de notre Conseil judiciaire, il a été pendant quarante ans notre guide le plus sûr et à la fois le plus doux et le plus bienveillant.

On ne saura jamais ce qu'il nous a consacré de temps, les services qu'il nous a rendus ; ses jours et ses nuits nous appartenaient. Avant que Maître Huard apparût au milieu de nous et ne se dévouât à notre Société, il était présent à tous nos Comités, s'alarmant avec nous et avant nous, du moindre danger qui pouvait naître et menacer notre existence si longtemps précaire et mal assurée, souriant de ce bon et fin sourire que nous voyons luire encore à travers nos larmes, quand se succédant nerveusement et trop rapidement, il assistait à nos enthousiasmes ou à nos abattements. Oh ! il nous connaissait, il savait que peu experts en affaires et trop exaltés quelquefois, il n'avait qu'un mot à dire pour nous éclairer et assurer le triomphe du bon sens.

Ce mot il l'avait toujours sur les lèvres, et il le laissait tomber à propos. Qui sait?... Nous n'étions peut-être si excessifs que parce que nous avions notre mentor auprès de nous et que sa sagesse créait notre foi.

Depuis que l'âge était venu et sachant Maître Huard dans le fauteuil qu'il avait occupé de longues années à côté de Frédéric Thomas, cet autre vieil ami de nos assemblées que dans notre admiration et notre reconnaissance nous avions fait un jour notre président, Celliez s'effaçait quelque peu, mais s'il n'assistait plus aux réunions du Comité, il avait sa place dans toutes nos commissions. Là, modestement, se faisant humble comme s'il eut eu à se faire pardonner sa vieille expérience si nécessaire aux nouveaux venus, il éclairait nos discussions et dictait nos conclusions.

Que de rapports dont je l'ai vu se charger, que de travail chaque semaine il accumulait pour nous. Ni l'âge, ni la fatigue ne l'arrêtaient quand il s'agissait de notre Société dont il se considérait comme un des membres les plus humbles et qui, en réalité, était en grande partie son œuvre.

Henry Celliez pensait tellement à nous, Messieurs, que sentant les forces l'abandonner, et voyant Maître Huard, dans son zèle incessant, ployer sous le fardeau de nos travaux, il a couronné sa longue collaboration en nous donnant un autre lui-même.

M. Charles Le Senne, nous rendrait ingrats, Messieurs, s'il était possible que nous le fussions, mais Henry Celliez ne s'imposerait pas à nous par le souvenir de son dévouement et son désintéressement, plus grand peut-être qu'on ne le suppose, que nous nous rappellerions toujours l'honnête homme entouré d'une si haute considération, le père de famille vénéré et l'ami, cet ami discret, si aimable, si bon, dont la douce raillerie des lèvres n'apparaissait que pour égayer le visage et dont un sourire indulgent accompagnait toutes les paroles.

Non, nous n'oublierons jamais des hommes comme Frédéric Thomas, Altaroche, Henry Celliez, nos derniers morts, partis à si peu de distance l'un de l'autre. Tous trois à l'aurore de notre Société s'étaient associés pour la faire vivre, car alors il ne s'agissait encore que de cela. Ils ont fait plus, et sont de ceux à qui nous devons qu'elle soit aujourd'hui prospère.

Remercions-les, Messieurs, et souvenons-nous. Nous ne pouvons rien de plus hélas pour ceux qui ont tant fait pour nous.

Adieu, Celliez, adieu, je n'ai pu improviser que quelques paroles sur ta tombe. Que la dernière soit un hommage à ta vie et l'assurance d'un éternel regret pour ta mémoire.

Henry Celliez vient de s'éteindre, entouré des siens. Il était éloigné, depuis quelques années, de notre Palais, qu'il aimait tant et où il n'a laissé que des regrets.

Inscrit au tableau depuis 1840, il appartenait à la forte génération qui a jeté sur notre Ordre un si grand lustre. Il s'y était fait une place spéciale, personnelle et des plus honorables.

Aussi, plus d'un de nous s'étonnera-t-il qu'il ne soit jamais arrivé qu'aux portes même du Conseil, sans pouvoir les franchir.

Excellent avocat, plein de finesse et de ressources, il a surtout brillé dans les affaires qui touchaient à l'art et dans les questions littéraires. Il est un de ceux qui, par leur parole et leurs écrits, ont les premiers défriché ce champ, devenu depuis si fertile, de la propriété littéraire. Il apportait, dans ces discussions, non seulement le savoir d'un profond jurisconsulte, la dialectique et l'élévation de l'orateur, mais la recherche du lettré et l'élégance du Parisien. Et de fait il était membre de la Société des gens de lettres, qu'il avait fondée avec Altaroche et notre regretté confrère Frédéric Thomas. Il faisait partie du comité de cette grande Société et avait été choisi comme président du conseil judiciaire des cinq associations créées par le baron Taylor. C'est en cette double qualité qu'une distinction très méritée l'avait fait chevalier de la Légion d'honneur.

Toutes les questions de presse lui étaient familières : il en avait tant plaidées! Il avait, à leur occasion, publié des livres et des brochures, qui, sans se renouveler aussi souvent que les régimes divers par lesquels a passé la presse en France, ont eu pour point de départ 1832, et pour point extrême notre dernier acte législatif sur ce sujet. C'est qu'en effet, lorsque fut promulguée la loi de 1881, son nom était tout indiqué en tête d'un des commentaires, qui devait être l'un des plus autorisés. Pour cette œuvre suprême, il s'était adjoint un jeune et vaillant collaborateur, notre confrère Le Senne, et leur livre a obtenu le succès que méritait une coopération de cette nature.

Il y a trois ans de cela!

Henry Celliez venait de nous quitter, sentant, après tant d'années de lutte, le harnois lui peser un peu lourdement. Il jouissait, dans une retraite studieuse encore, d'un repos bien acquis. Il avait emporté l'estime et l'affection de ses anciens confrères, qui ne pouvaient oublier sa bonhomie, son cœur d'or, son esprit gaulois. Entouré de sa famille dévouée, au milieu de ses chers livres, il semblait devoir jouir encore longtemps de ce demi-repos des esprits, qui ayant longtemps peiné dans la vie, ne peuvent s'astreindre à ne plus penser : c'est comme un demi-jour qui se prolonge, une sorte de clarté adoucie, pleine de douceur et de mélancolie. Alors on se contente de se souvenir, et pour peu que l'homme soit philosophe, s'il a, comme

Celliez, bien conduit sa vie, des jours pleins de calme et de sérénité lui peuvent être assurés. Les jours qui ont suivi la retraite de notre regretté confrère, lui ont été trop mesurés, au gré des amis qui l'ont, comme nous, aimé ainsi qu'il le méritait.

Une dernière consolation lui a été réservée, celle de laisser un fils digne de lui, qui, s'il n'a pas embrassé la profession paternelle, s'y est rattaché, depuis vingt ans déjà, par un lien judiciaire que consacre la justice en donnant sa confiance aux experts nommés par elle.

A. L.

Droit, 16-18 juin 1884.

C'était un excellent et digne homme qu'Henry Celliez, qui vient de mourir un peu oublié, comme tous ceux qui se survivent.

L'âge et les infirmités le tenaient depuis un certain temps éloigné du barreau où il jouissait d'une estime méritée, et de sa chère Société des Gens de Lettres, aux intérêts de laquelle il avait toujours témoigné un dévouement efficace.

Henry Celliez, en effet, était depuis de longues années un des conseils de la Société. Il l'assistait de ses lumières plus encore que de sa parole, ayant fait une étude spéciale de toutes les questions qui touchent à la propriété littéraire.

A diverses reprises, quand de grandes difficultés mirent en péril l'existence même de la Société, il fit preuve d'un zèle et d'une présence d'esprit bien dignes de reconnaissance. Il modérait les impatients, stimulait les découragés, empêchait toute résolution compromettante. On lui doit beaucoup, et si les gens de lettres ont aujourd'hui une association prospère, solide, assurée d'une longue et large vie, l'assistance de Celliez n'a pas peu contribué à ces heureux résultats.

Éloquent, il ne l'était pas dans le sens passionné et dramatique du mot. C'était un sage qui discutait sagement, d'une voix un peu nasillarde, avec un accent qui sentait sa Normandie.

Mais quelle logique! Comme les arguments se déduisaient et se coordonnaient à propos! Rien de plus curieux que de le voir aux prises avec un avocat fougueux. C'était une nouvelle mise en action de la fable de La Fontaine, une nouvelle démonstration du *Plus fait douceur que violence*. L'autre s'en allait tonitruant et soufflant comme une bourrasque. Celliez l'écoutait et le regardait faire d'un air narquois. Puis, voilà qu'avec quelques mots justes, dits d'une voix placide, il faisait fondre toute la rhétorique de l'adversaire.

C'est pour lui qu'on aurait pu, si elle n'existait, inventer la formule : Dissoudre un homme dans un verre d'eau sucrée.

Le type était curieux. Rarement le physique fut plus en harmonie avec le caractère et la profession. Le nez s'effilait, légèrement crochu; un vrai nez de procureur. L'œil malicieux, quoique calme. L'ensemble d'un basochien d'autrefois.

Et prenez ici basochien dans le meilleur sens, car ce subtil était la droiture même. Il usait de toutes les ressources et de toutes les finesses pour défendre la vérité, mais rien que la vérité, comme le prouve l'anecdote suivante :

Un jour, un monsieur vient le trouver. Il s'agissait d'une affaire de succession.

En passant à l'ennemi, Celliez pouvait ruiner une jeune héritière à laquelle on contestait ses droits.

Il écoute avec sa tranquillité railleuse les propositions malséantes du visiteur. Puis quand celui-ci a fini :

— Votre démarche, monsieur, n'est pas pour me flatter.

— Comment cela ?...

— Dame ! non... Elle me prouve que vous me prenez à la fois pour un coquin et pour un imbécile.

— Mais...

— Pour un coquin, puisque vous me supposez capable de vendre ma conscience. Pour un imbécile, puisque vous croyez que je la vendrais si bon marché. Je ne vous retiens plus, monsieur.

L'autre ne demande pas son reste, comme bien vous pensez.

Rien d'étonnant, ceci posé, à ce qu'Henry Celliez soit mort non pas pauvre, mais dans une très, très modeste situation de fortune. A défaut de riche patrimoine, il laisse aux siens un souvenir honoré. Il s'en va suivi d'un cortège d'affectueux regrets.

PIERRE VÉRON.

Monde illustré, 21 juin.

10963. — Imp. A. Lahure, 9, rue de Fleurus.